мактаб - escola 2
саёҳат - viatge 5
транспорт - transport 8
шаҳар - ciutat 10
манзара - paisatge 14
ресторан - restaurant 17
супермаркет - supermercat 20
ичимликлар - begudes 22
таом - menjar 23
чорвачилик хўжалиги - granja 27
уй - casa 31
меҳмонхона - sala d'estar 33
ошхона - cuina 35
ваннахона - bany 38
болалар хонаси - cambra de nen 42
кийим - roba 44
идора - oficina 49
иқтисод - economia 51
касблар - oficis 53
асбоблар - eines 56
мусиқа асбоблари - instrument de música 57
ҳайвонот боғи - zoo 59
спорт ўйинлари - esports 62
машғулот - activitats 63
оила - família 67
тана - cos 68
шифохона - hospital 72
тез ёрдам - urgència 76
Ер - terra 77
соат - rellotge 79
хафта - setmana 80
йил - any 81
шакллар - formes 83
ранглар - colors 84
қарама-қарши маъноли сўзлар - oposats 85
рақамлар - nombres 88
тиллар - llengües 90
ким / нима / қандай - qui / què / com 91
қаерда - on 92

Impressum
Verlag: BABADADA GmbH, Nedderfeld 112 , 22529 Hamburg
Geschäftsführer / Verlagsleitung: Harald Hof
Druck: Books on Demand GmbH, In de Tarpen 42, 22848 Norderstedt

Imprint
Publisher: BABADADA GmbH, Nedderfeld 112 , 22529 Hamburg, Germany
Managing Director / Publishing direction: Harald Hof
Print: Books on Demand GmbH, In de Tarpen 42, 22848 Norderstedt

мактаб

escola

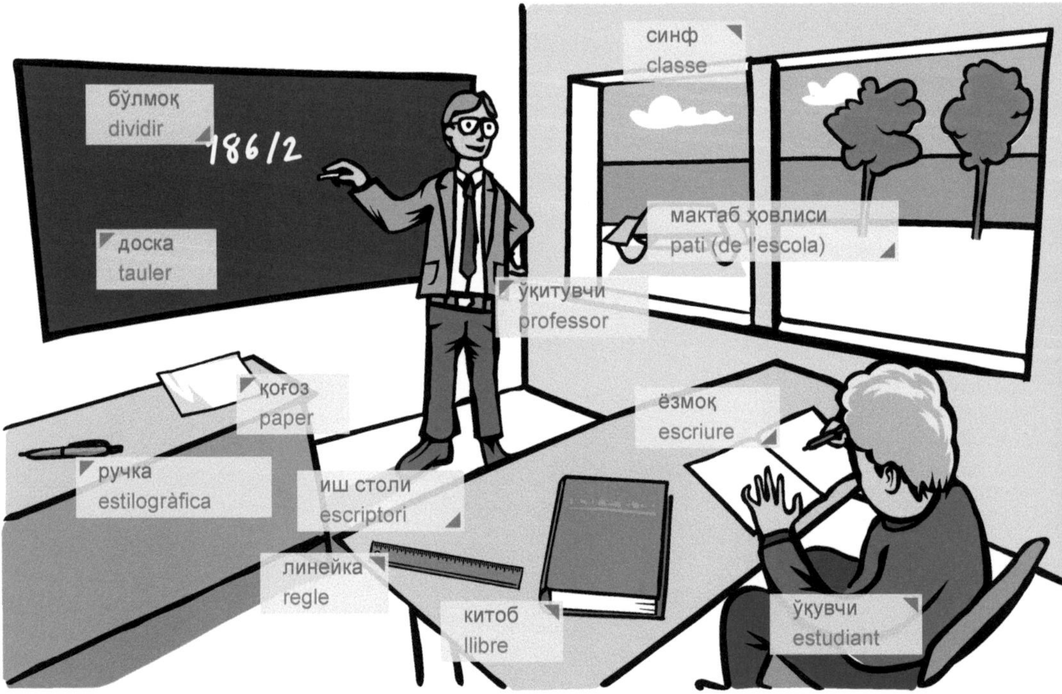

синф
classe
бўлмоқ
dividir
186/2
доска
tauler
мактаб ҳовлиси
pati (de l'escola)
ўқитувчи
professor
қоғоз
paper
ёзмоқ
escriure
ручка
estilogràfica
иш столи
escriptori
линейка
regle
китоб
llibre
ўқувчи
estudiant

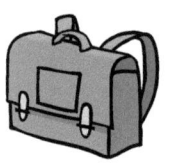

осма сумка

bossa

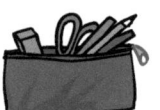

қаламдон

estoig

қалам

llapis

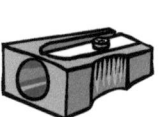

қалам учлагич

maquineta de fer punta

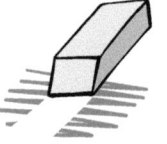

ўчиргич

goma

расм албоми

bloc de dibuix

чизмачилик

dibuix

бўёқ чўтка

pinzell

бўёкдон

capsa de pintures

қайчи

tisores

елим

cola

машғулот дафтари

quadern d'exercicis

уй иши

deures

рақам

nombre

2+2

қўшмоқ

afegir

айирмоқ

sostreure

кўпайтирмоқ

multiplicar

ҳисобламоқ

calcular

хат

lletra

алифбо

alfabet

сўз

mot

матн

text

ўқимоқ

llegir

бўр

guix

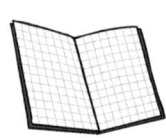

дарс

lliçó

журнал

llibre de classe

имтиҳон

examen

гувоҳнома

certificat

мактаб формаси

uniforme escolar

таълим

formació

қомус

enciclopèdia

олийгоҳ

universitat

микроскоп

microscopi

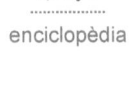

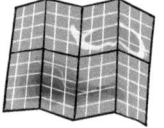

харита

mapa

урна

paperera

саёҳат
viatge

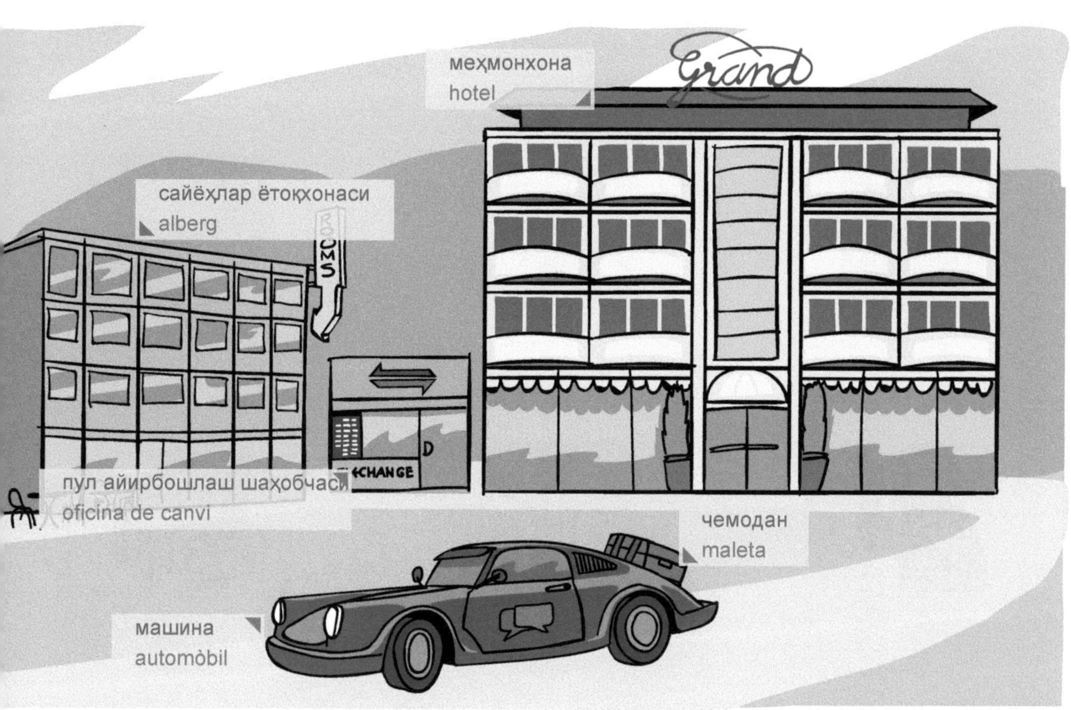

меҳмонхона
hotel
Grand
сайёҳлар ётоқхонаси
alberg
ROOMS
пул айирбошлаш шаҳобчаси
oficina de canvi
EXCHANGE
чемодан
maleta
машина
automòbil

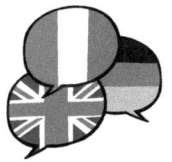

тил

llengua

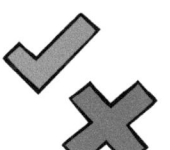

ҳа / йўқ

sí / no

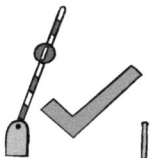

Хўп

D'acord

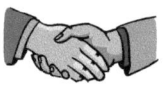

салом

Ey!

таржимон

traductora

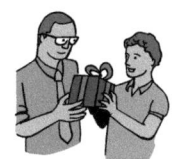

Раҳмат

gràcies

неча пул...?

Quant costa... ?

Тушунмадим

No entenc

муаммо

problema

Хайрли кеч!

Bona nit!

Хайрли тонг!

bon dia!

Хайрли тун!

bona nit!

кӯришгунча

fins aviat

йӯналиш

direcció

йӯловчи юки

bagatge

сафархалта

bossa

юк халта

sarrona

меҳмон

convidat

хона

cambra

уйқуқоп

sac de dormir

чодир

tenda

саёҳларга маълумот
бериш столи
oficina de turisme

пляж
platja

омонат карта
carta de crèdit

нонушта
esmorzar

нонушта
dinar

кечки овқат
sopar

чипта
bitllet

лифт
ascensor

марка
segell

чегара
frontera

божхона
duana

элчихона
ambaixada

виза
visat

паспорт
passaport

транспорт
transport

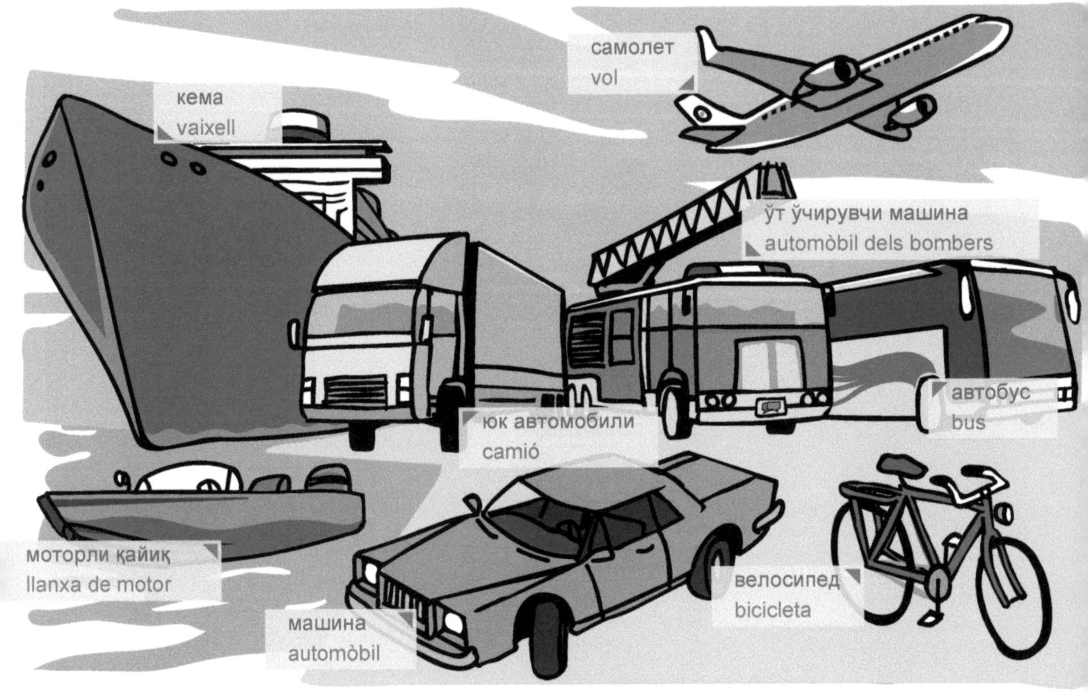
самолет
vol
кема
vaixell
ўт ўчирувчи машина
automòbil dels bombers
автобус
bus
юк автомобили
camió
моторли қайиқ
llanxa de motor
велосипед
bicicleta
машина
automòbil

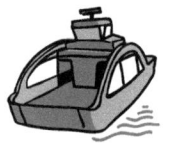

солсимон ясси кема

transbordador

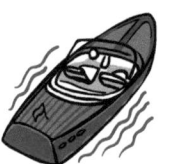

қайиқ

barca

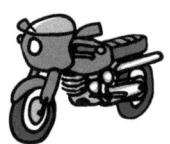

мотоцикл

moto

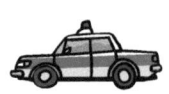

посбон машинаси

automòbil de policia

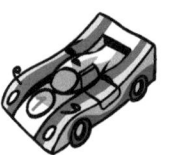

пойга машинаси

automòbil de curses

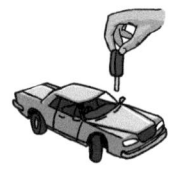

ижарага олинган автоулов

automòbil de lloguer

автоижара

vehicle compartit

шатакка олувчи юк автомобили

grua

ахлат машинаси

camió de les escombraries

мотор

motor

ёқилғи

benzina

ёқилғи қуйиш шаҳобчаси

benzineria

йўл белгиси

senyal de trànsit

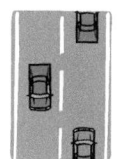

йўл ҳаракати

trànsit

тирбанд

embús

автомобил тўхтаб туриш жойи

aparcament

поезд бекати

estació de trens

рельс

vies

поезд

tren

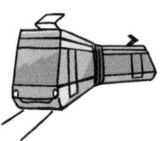

трамвай

tramvia

вагон

vagó

вертолёт

helicòpter

аэропорт

aeroport

минора

torre

йўловчи

passatger

контейнер

contenidor

қоғоз қути

capsa de cartó

аравача

carretó

сават

cistella

учмоқ / қўнмоқ

enlairar-se / aterrar

шаҳар

ciutat

қишлоқ

poble

шаҳар маркази

centre de la ciutat

уй

casa

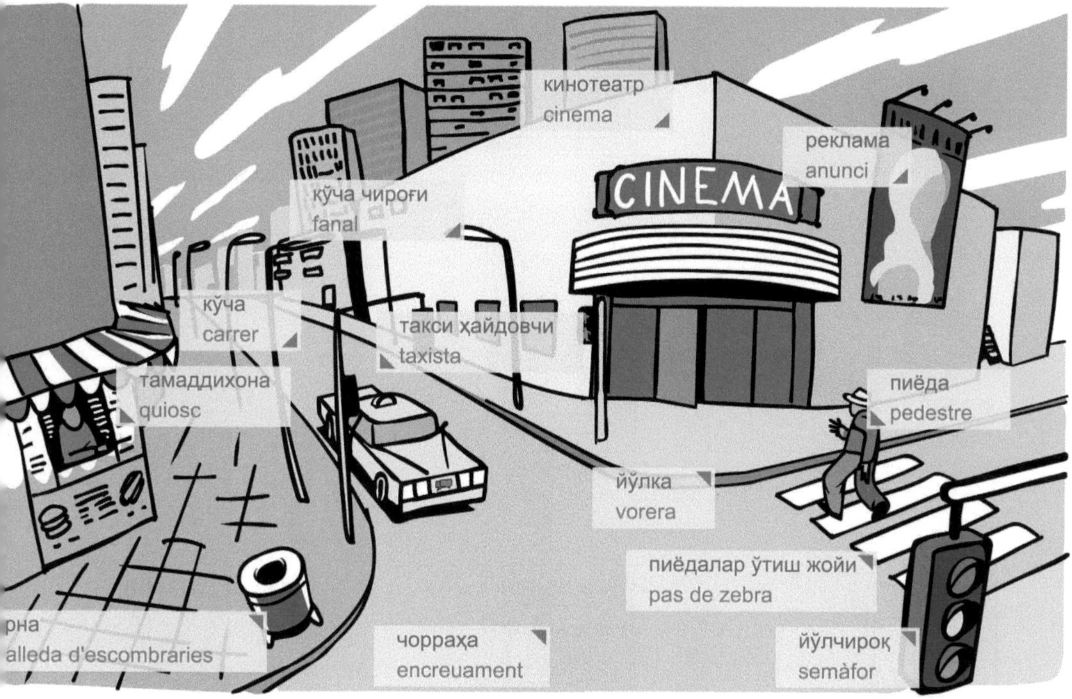

кинотеатр
cinema

реклама
anunci

кўча чироғи
fanal

кўча
carrer

такси ҳайдовчи
taxista

пиёда
pedestre

тамаддихона
quiosc

йўлка
vorera

пиёдалар ўтиш жойи
pas de zebra

рна
alleda d'escombraries

чорраҳа
encreuament

йўлчироқ
semàfor

кулба
cabana

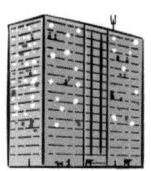

квартира
apartament

поезд бекати
estació de trens

маҳаллий ҳокимият
биноси
casa de la vila-ciutat

музей
museu

мактаб
escola

шаҳар - ciutat

олийгоҳ

universitat

банк

banca

шифохона

hospital

меҳмонхона

hotel

дорихона

farmàcia

идора

oficina

китоб дўкони

llibreria

дўкон

botiga

гул дўкони

floristeria

супермаркет

supermercat

бозор

mercat

универмаг

gran magatzem

балиқ дўкони

peixateria

савдо маркази

centre comercial

бандаргоҳ

port

истироҳат боғи

parc

банк

banc

кўприк

pont

зинапоя

escala

метро

metro

ер ости йўли

túnel

автобус бекати

parada d'autobús

бар

bar

ресторан

restaurant

почта қутиси

bústia de correu

кўча ёзув осма тахтаси

senyal indicador

тўхтаб туриш вақтини
ҳисоблагич

parquímetre

ҳайвонот боғи

zoo

бассейн

piscina

масжид

mesquita

чорвачилик хўжалиги

granja

атроф-муҳит ифлосланиши

pol·lució

қабристон

cementiri

ибодатхона

església

болалар ўйингоҳи

parc infantil

эҳром

temple

манзара

paisatge

япроқ
fulla

йўлкўрсатгич
cartell indicador

йўл
camí

ўтлоқ
prat

тош
pedra

дарахт
arbre

пиёда сайёҳ
excursionista

дарё
riu

майса
gespa

гул
flor

водий

vall

қир

muntanya

кўл

llac

ўрмон

bosc

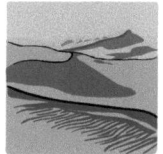

чўл

desert

вулкан

volcà

қалъа

castell

камалак

arc de Sant Martí

кўзиқорин

bolet

пальма дарахти

palmera

пашша

moscard

чивин

mosca

чумоли

formiga

асалари

abella

ўргимчак

aranya

кўнғиз

escarabat

қурбақа

granota

олмахон

esquirol

типратикон

eriçó

қуён

llebre

укки

òliba

қуш

ocell

оққуш

cigne

эркак чўчқа

senglar

буғу

cervo

бутоқ шоҳли кийик

ant

тўғон

presa

шамол генератори

turbina

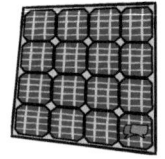

қуёш батареяси

panell solar

иқлим

clima

ресторан
restaurant

официант
cambrer
таомнома
menú
стул
cadira
шўрва
sopa
пицца
pizza
дастурхон
tovalla
ошхона анжомлари
coberts

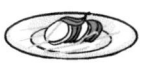

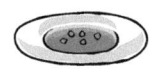

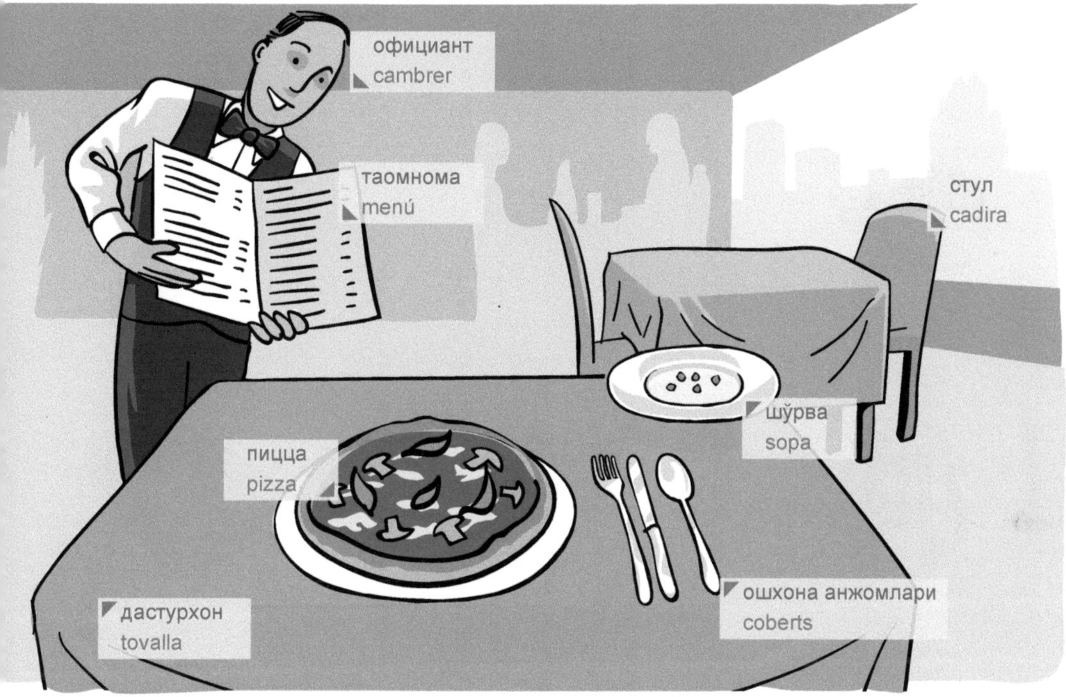

газак

primer plat

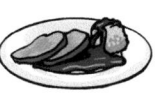

асосий таом

plat principal

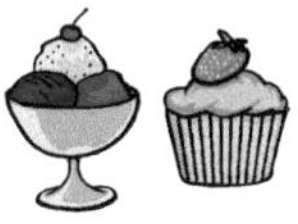

десерт

darreries

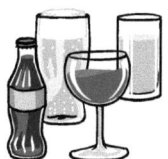

ичимликлар

begudes

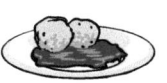

таом

menjar

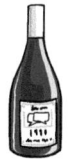

бутилка

ampolla

тез пишар таом

menjar ràpid

кӯча таоми

menjar de carrer

чойнак

tetera

шакардон

sucrer

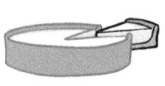

порция

porció

эспрессо кофе машинаси

màquina d'espresso

болалар курсичаси

trona

ҳисоб

factura

лаган

plata

пичоқ

ganivet

санчқи

forqueta

қошиқ

cullera

чой қошиқ

cullereta

кӯл сочиқ

tovalló

стакан

got

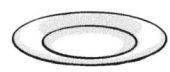

ликоп
....
plat

шўрва коса
....
plat de sopa

тақсимча
....
plateret

қайла
....
salsa

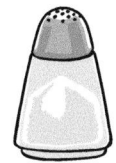

туздон
....
saler

қалампир янчгич
....
molinet de pebre

сирка
....
vinagre

ёғ
....
oli

зираворлар
....
espècies

кетчуп
....
quètxup

хантал
....
mostassa

майонез
....
maionesa

супермаркет

supermercat

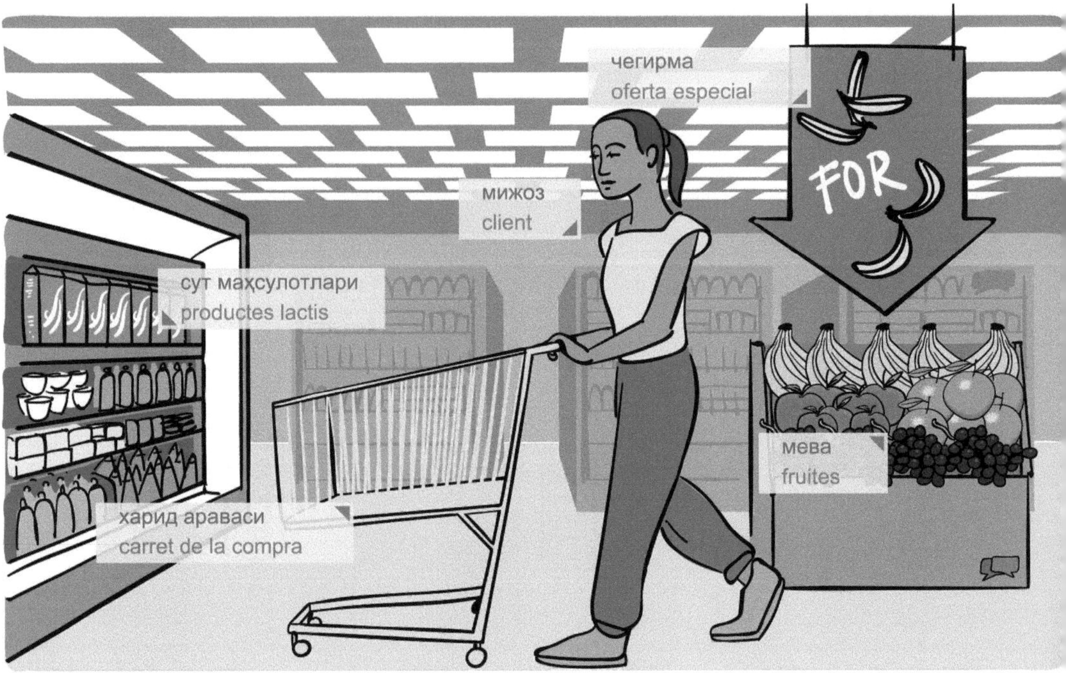

чегирма
oferta especial
FOR
мижоз
client
сут маҳсулотлари
productes lactis
мева
fruites
харид араваси
carret de la compra

BUTCHERS

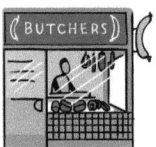

қассобхона

carnisseria

BAKERY

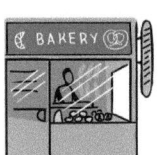

нонвойхона

forn de pa

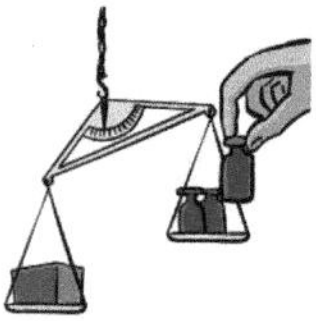

тарозида ўлчамоқ

pesar

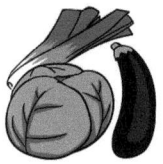

сабзавот

verdures

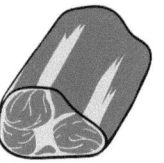

гўшт

carn

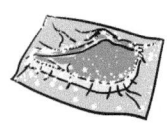

музлатилган таомлар

menjar congelat

яхна гўшт

carn freda

консерва

conserves

кир ювиш воситаси

detergent en pols

ширинликлар

dolços

кундалик истеъмол моллар

articles domèstics

ювиш воситалари

productes de neteja

сотувчи

venedora

касса аппарати

caixa registradora

ғазначи

caixera

харид рўйхати

llista de la compra

иш вақти

horari d'obertura

ҳамён

portamonedes

омонат карта

carta de crèdit

халта

bossa

целлофан халта

bossa de plàstic

сув

aigua

шарбат

suc

сут

llet

кока-кола

coca-cola

вино

vi

пиво

cervesa

спиртли ичимлик

alcohol

какао

cacau

чой

te

кофе

cafè

эспрессо

espresso

капучино

cappuccino

банан

banana

олмахон

poma

апельсин

taronja

қовун

síndria

лимон

llimona

сабзи

pastanaga

саримсоқ

all

бамбук

bambú

пиёз

ceba

қўзиқорин

bolet

ёнғоқ

avellanes

лағмон

fideus

спагетти

espaguetis

гуруч

arròs

салат

amanida

картошка-фри

patates fregides

қовурилган картошка

patates fregides

пицца

pizza

гамбургер

hamburguesa

сэндвич

entrepà

тўқмоқланган тўш қиймаси

escalopa

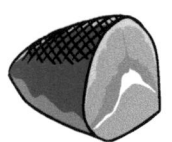

дудланган чўчқа гўшти

cuixot

салями колбасаси

salami

сосиска

salsitxa

товуқ гўшти

pollastre

қовурилган

rostit

балиқ

peix

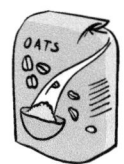

сули бўтқаси

flocs de civada

мюсли

musli

маккажўхори ёрмаси

cereals

ун

farina

француз булочкаси

croissant

булочка

panet

нон

pa

қизартирилган нон бўлаги

torrada

пишириқ

bescuits

сариёғ

mantega

творог

mató

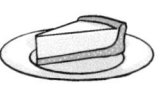

пирог

pastís

тухум

ou

қовурилган тухум

ou fregit

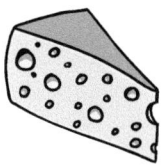

пишлоқ

formatge

музқаймоқ

gelat

шакар

sucre

асал

mel

мураббо

melmelada

шоколад пастаси

crema de xocolata

зарчава

curri

чорвачилик хўжалиги

granja

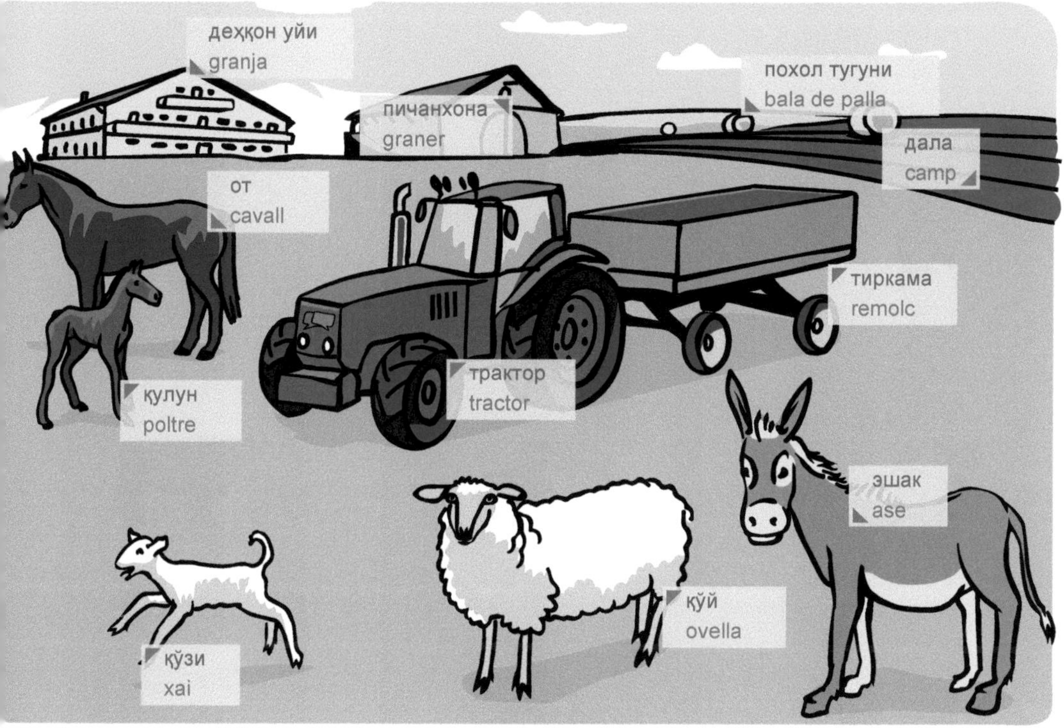

деҳқон уйи
granja
пичанхона
graner
похол тугуни
bala de palla
дала
camp
от
cavall
тиркама
remolc
трактор
tractor
қулун
poltre
эшак
ase
қўй
ovella
қўзи
xai

эчки

cabra

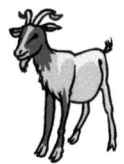

сигир

vaca

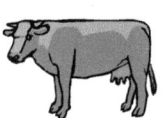

бузоқ

vedella

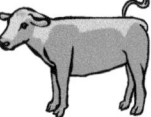

чўчқа

porc

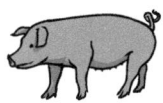

чўчқа боласи

garrí

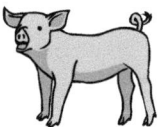

буқа

bou

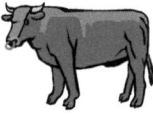

ғоз

oca

ўрдак

ànec

жўжа

poll

товуқ

gall

хўроз

gallina

каламуш

rata

мушук

gat

сичқон

ratolí

хўкиз

bou

ит

gos

каталак

gossera

ҳовли боғ шланги

mànega de regar

гулчелак

regadora

белўроқ

dalla

темир омоч

arada

қўлўроқ

falç

чопқи

aixada

паншаха

forca

болта

destral

ғалтакарава

carretó

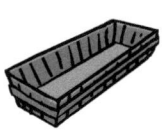

охур

abeurador

сут бидони

lletera

тўрва

sac

панжара

tanca

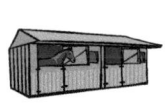

оғилхона

establa

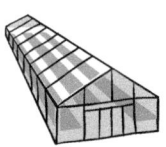

иссиқхона

hivernacle

тупроқ

sòl

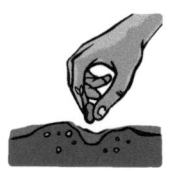

уруғ

llavor

ўғит

adob

комбайн

collidora

ҳосил олмоқ

collir

йиғим-терим

collita

ямс

nyam

буғдой

blat

соя

soja

картошка

patata

маккажўхори

blat de moro o d'indi

рапс уруғи

colza

мевали дарахт

arbre fruiter

маниок

mandioca

ёрма

cereals

мӯри
fumera

том
teulada

тарнов
canaló

дераза
finestra

гараж
garatge

эшик қӯнғироғи
campana

эшик
porta

урна
galleda de les escombraries

хатлар учун қути
bústia de correu

боғ
jardí

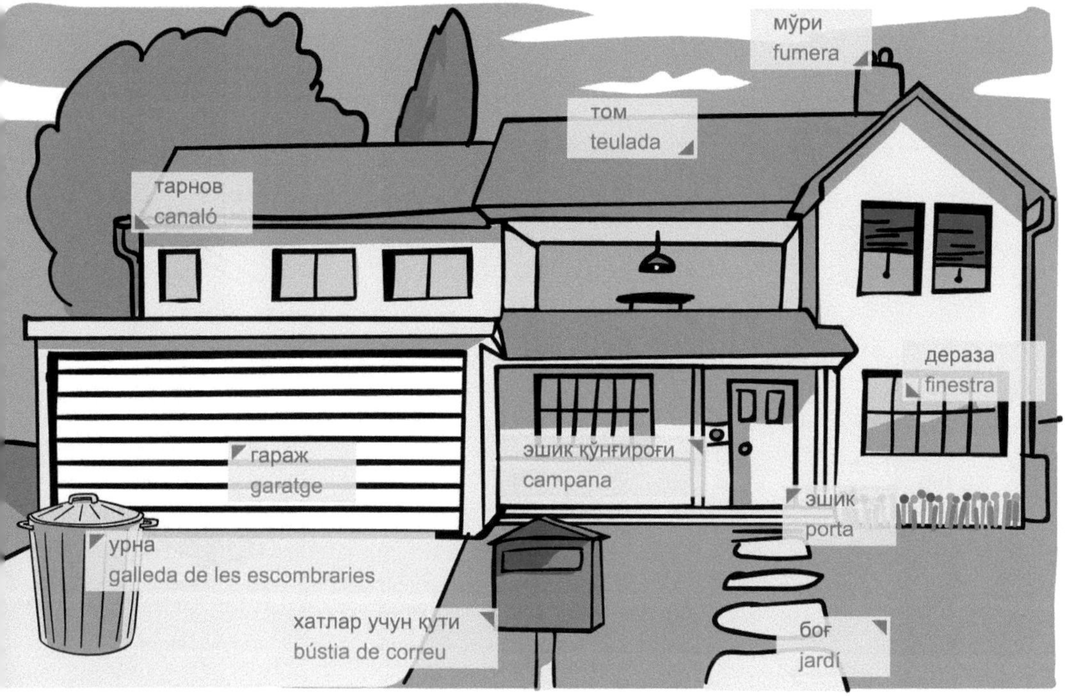

меҳмонхона
sala d'estar

ваннахона
bany

ошхона
cuina

ётоқхона
cambra de dormir

болалар хонаси
cambra de nen

ошхона
menjador

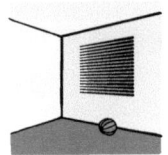

пол

sòl

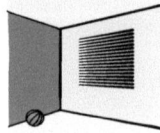

девор

paret

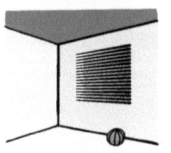

шип

sostre

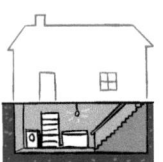

подвал

soterrani

сауна

sauna

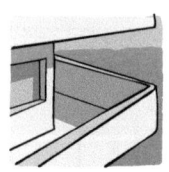

болохона айвони

balcó

айвон

terrassa

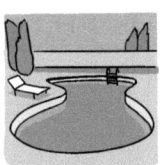

бассейн

piscina

ўт ўргич машина

tallagespa

кўрпажилд

vànova

чойшаб

cobrellit

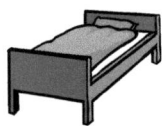

кроват

llit

супурги

escombra

пақир

galleda

мурват

interruptor

меҳмонхона

sala d'estar

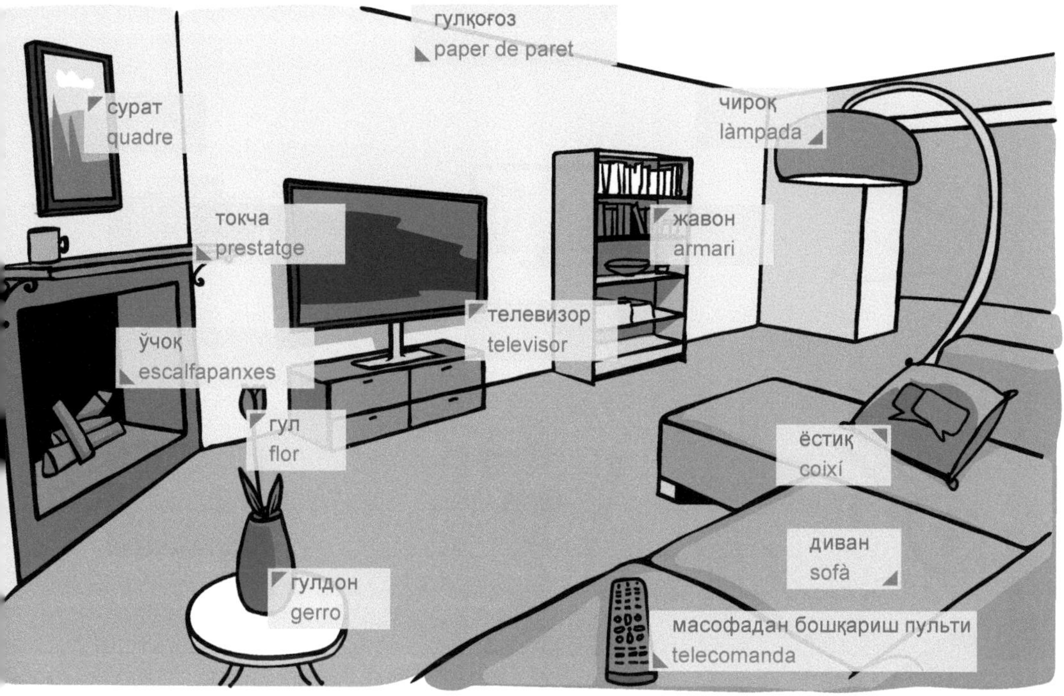
гулқоғоз
paper de paret
сурат
quadre
чироқ
làmpada
токча
prestatge
жавон
armari
телевизор
televisor
ўчоқ
escalfapanxes
гул
flor
ёстиқ
coixí
диван
sofà
гулдон
gerro
масофадан бошқариш пульти
telecomanda

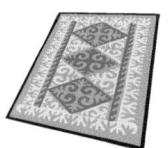

гилам

catifa

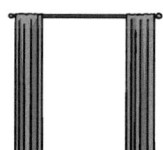

парда

cortina

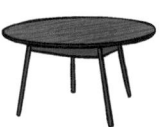

стол

taula

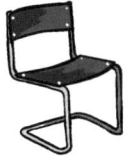

стул

cadira

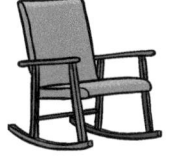

тебранма курси

cadira gronxadora

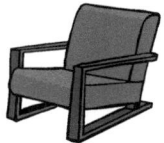

кресло

cadiral

китоб
llibre

кӯрпа
llençol

ҳашам
decoració

ўтин
llenya

кино
film

стерео қурилма
cadena de música

калит
clau

рӯзнома
diari

расм
pintura

плакат
cartell

радио
ràdio

ён дафтар
bloc de notes

чанг ютгич
aspiradora

кактус
cactus

шам
candela

ошхона

cuina

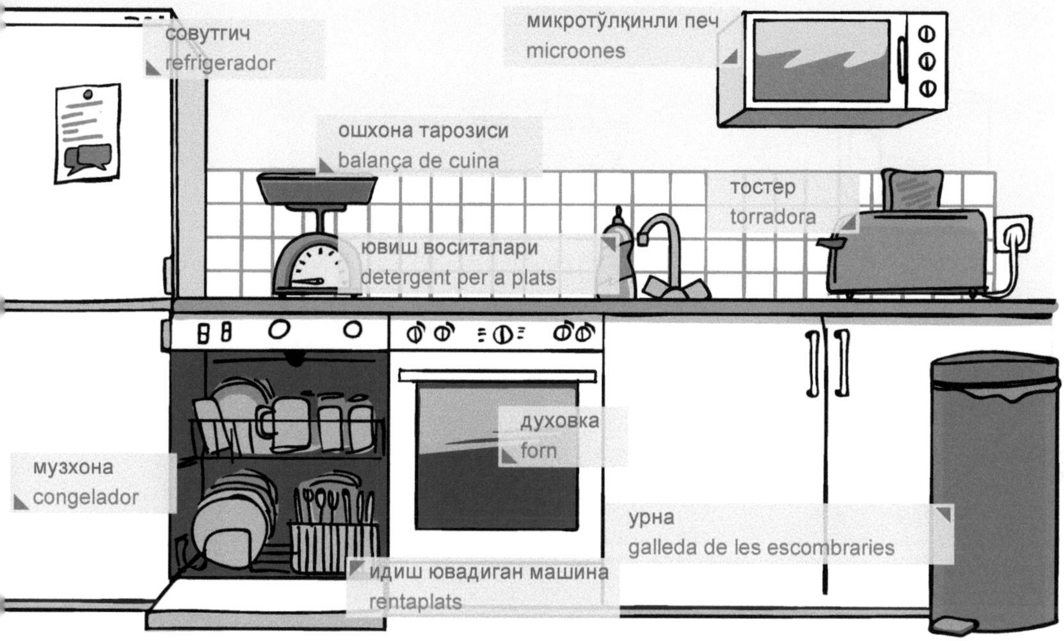

совутгич
refrigerador
микротўлқинли печ
microones
ошхона тарозиси
balança de cuina
тостер
torradora
ювиш воситалари
detergent per a plats
духовка
forn
музхона
congelador
урна
galleda de les escombraries
идиш ювадиган машина
rentaplats

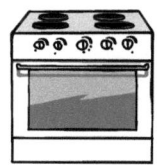

плита
....
cuina de fogons

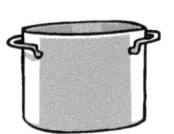

кастрюль
....
olla

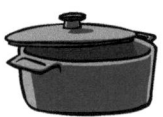

чўян қозон
....
olla de ferro colat

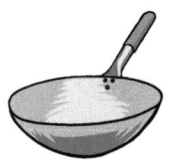

бўртма тубли това
....
wok / karahi

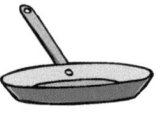

това
....
paella

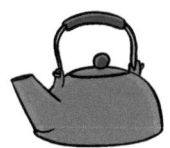

човгун
....
bullidor

мантиқасқон

olla de vapor

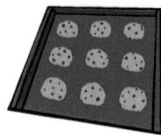

тунука това

plata de forn

идиш

vaixella

кружка

tassa grossa

коса

bol

таом ейиш таёқчалари

bastonets xinesos

чўмич

culler

куракча

espàtula

кўпиртиргич

batedor

элак

colador

элак

sedàs

қирғич

ratllador

ҳовонча

morter

гриль

barbacoa

олов

foc a terra

оштахта

taula de tallar

жува

corró

пармасимон тиқин очгич

llevataps

консерва

pot de conserva

консерва очгич

obridor

тутгич

agafador

унитаз

aigüera

идиш чўтка

raspall

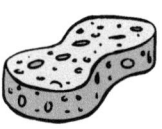

қозонсочиқ

esponja

қориштиргич

batedora

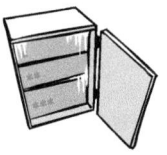

музлатгич

congelador

сўрғичли чақалоқ бутилкаси

biberó

кран

aixeta

ваннахона

bany

душ
dutxa
иситиш тизими
calefacció
сочиқ
tovallola
дарпарда
cortina de dutxa
кўпикли ванна
bany de bombollles
ванна
banyera
стакан
got
кир ювиш машинаси
rentadora
кран
aixeta
кафель
rajoles
тувак
orinal
унитаз
aigüera

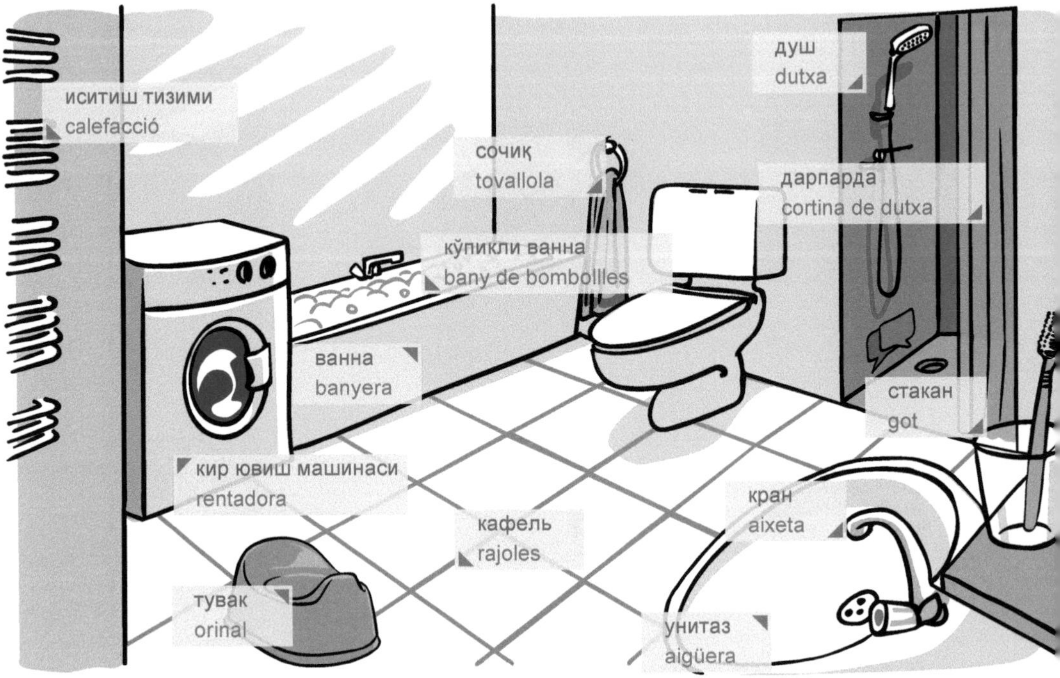

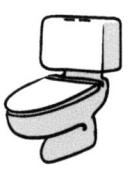

ҳожатхона

lavabo

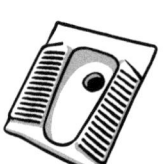

полга ўрнатиладиган унитаз

lavabo turc

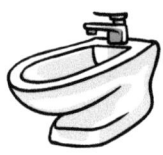

таҳоратдон

bidet

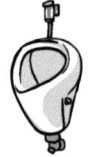

сийдик унитази

orinador

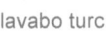

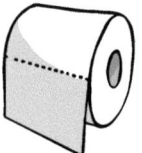

ҳожатхона қоғози

paper higiènic

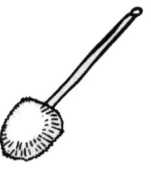

ҳожатхона чўткаси

escombreta de sanitari

тиш чўтка

raspall de dents

тиш пастаси

pasta de dents

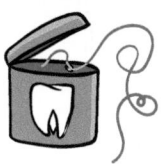

тиш тозалагич ип

fil dental

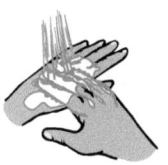

ювмоқ

rentar

дастакли душ

pom de dutxa

таҳорат учун душ

dutxa íntima

тоғора

rentamans

елка қашлайдиган чўтка

raspall per a l'esquena

совун

sabó

душ учун гель

gel de dutxa

шампунь

xampú

мочалка

manyopla de bany

қувур

bonera

крем

crema

дезодарант

desodorant

кўзгу

mirall

қўл кўзгуси

mirall-espill de mà

устара

maquineta de rasar

устара учун кўпик

espuma de barbejar

салқинлантирувчи
бальзам

loció post-rasada

тароқ

pinta

чўтка

raspall

фен

eixugador

соч учун лак

laca

пардоз-андоз

maquillatge

лаб учун помада

pintallavis

тирноқ лаки

esmalt d'ungles

пахта

cotó

тирноқ қайчиси

tallaungles

духи

perfum

пардоз-андоз халтаси

estoig de bellesa

курси

tamboret

тарози

bàscula

чўмилиш халати

barnús

резина қўлқоп

guants de goma

тампон

compresa higiènica

гигиеник таглик

compresa

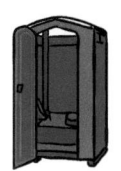

биоҳожатхона

sanitari químic

болалар хонаси

cambra de nen

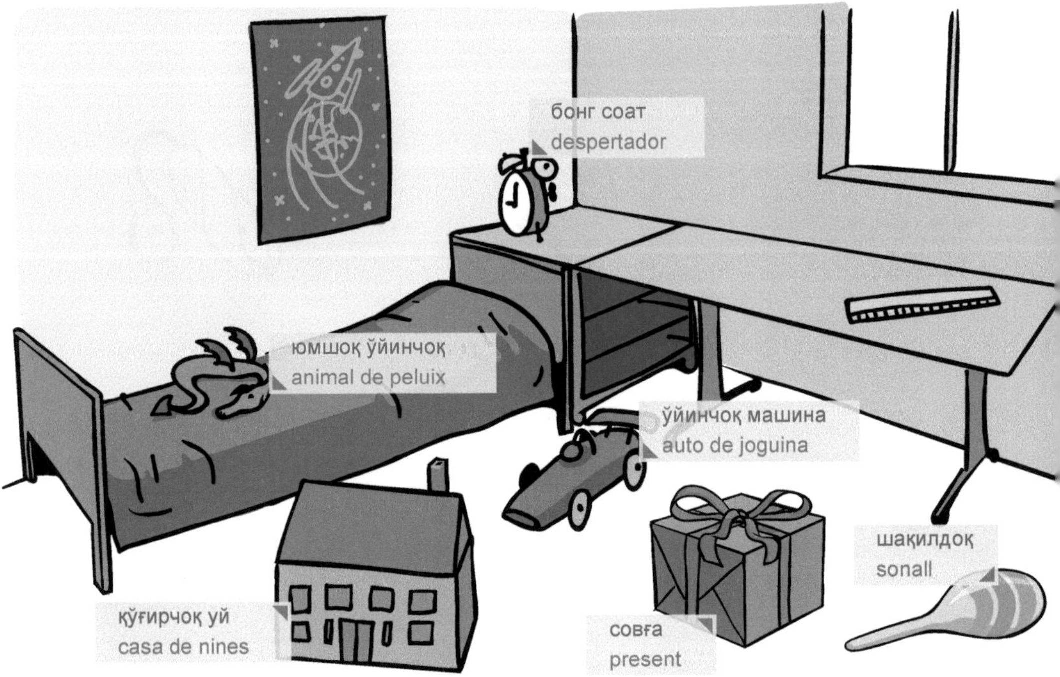

бонг соат
despertador
юмшоқ ўйинчоқ
animal de peluix
ўйинчоқ машина
auto de joguina
шақилдоқ
sonall
қўғирчоқ уй
casa de nines
совға
present

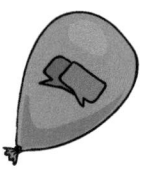

шар

balό

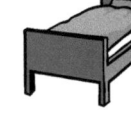

кроват

llit

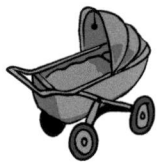

болалар аравачаси

cotxet per a nens

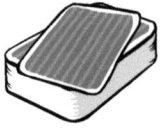

карта тўплами

joc de cartes

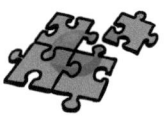

терма тасвир

trencaclosca

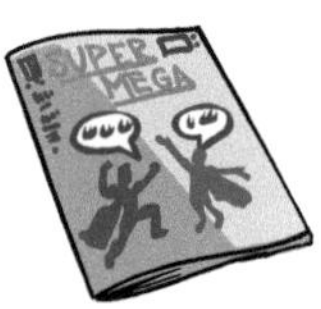

кулгили саҳна асари

historieta

лего ғиштлари

peces de lego

ўйинчоқ кубиклар

peces de construcció

ўйинчоқ қаҳрамон

ninot d'acció

ползунка

granota

учар ликопча

frisbee

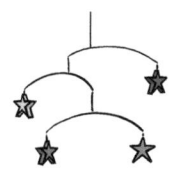

осма шақилдоқ

mòbil per a bressol

стол ўйини

joc de taula

ошиқ

daus

поезд макети

tren elèctric

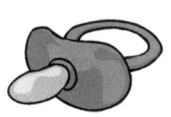

сўрғич

xumet

ўтириш

festa

расмли китоб

llibre de dibuixos

копток

pilota

қўғирчоқ

nina

ўйнамоқ

jugar

қумдон

sorrera

арғимчоқ

gronxador

ўйинчоқлар

joguines

ўйин приставкаси

consola de jocs de vídeo

уч ғилдиракли велосипед

tricicle

бахмал айиқ

osset de peluix

кийим шкафи

armari

кийим

roba

пайпоқ

mitjons

чулки

mitges

колготка

mitja pantaló

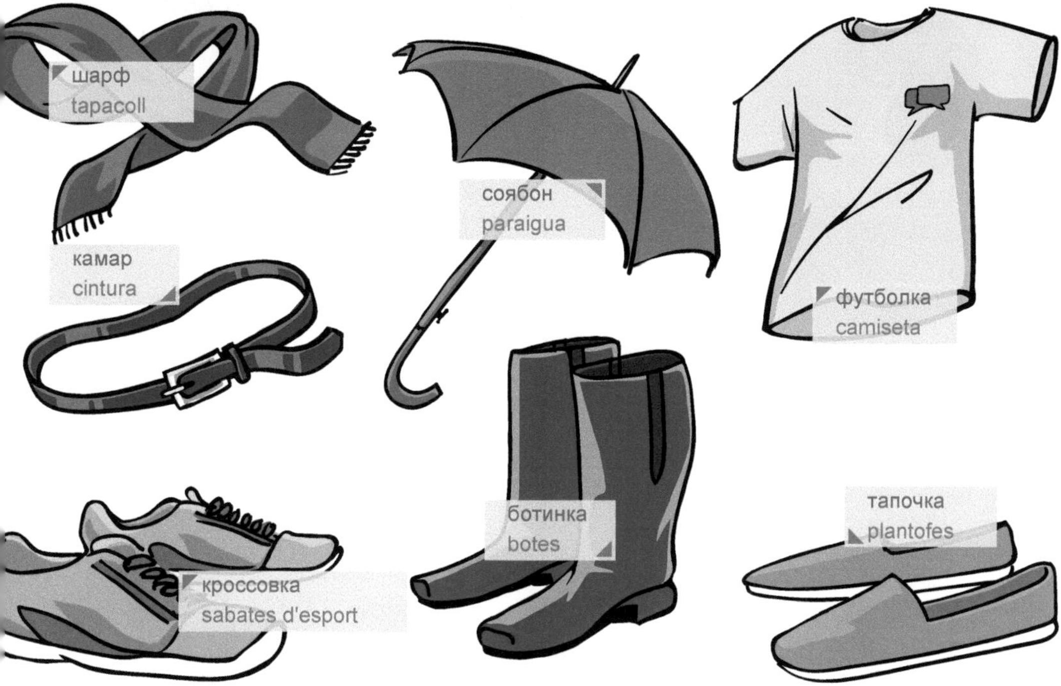

шарф
tapacoll

камар
cintura

соябон
paraigua

футболка
camiseta

кроссовка
sabates d'esport

ботинка
botes

тапочка
plantofes

шиппак

sandàlies

туфли

sabates

резина этик

botes de goma

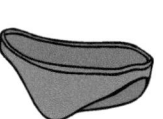

тор турсик

calçonets

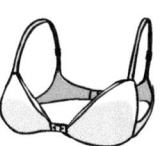

кўкракпеч

sostenidor

майка

guardapits

боди

jjustacòs

иштон

pantalons

жинси

jeans

юбка

faldeta

кофта

brusa

кўйлак

camisa

жемпер

jersei

узун чакмон

dessuadora

спорт бичимидаги пиджак

blazer

куртка

jaqueta

пальто

mantell

плаш

impermeable

либос

vestit de dona

кўйлак

vestit de dona

келин кўйлак

vestit de núvia

костюм шим
....
vestit d'home

тунги кўйлак
....
camisa de dormir

пижама
....
pijama

сари
....
sari

шолрўмол
....
mocador de cap

салла
....
turbant

паранжи
....
burca

чакмон
....
caftan

абая
....
abaia

чўмилиш костюми
....
vestit de bany

турсик
....
calçon(et)s de bany

шортик
....
pantalons curts

спорт костюми
....
xandall

фартук
....
davantal

қўлқоп
....
guants

тугма

botó

кўзойнак

ulleres

билагузук

braçalet

мунчоқ

collaret

узук

anell

сирға

orellera

кепка

casquet

пальто илгак

penjador

шляпа

capell

бўйинбоғ

corbata

замок

cremallera

дубулға

casc

шим тортгич

elàstics

мактаб формаси

uniforme escolar

форма

uniforme

ошхӯрак
....
pitet

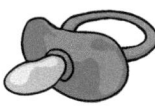

сӯрғич
....
xumet

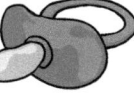

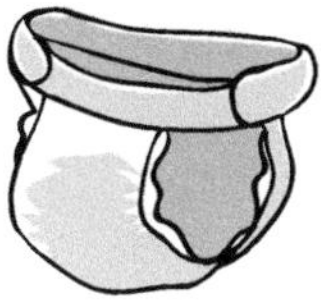

таглик
....
bolquer

идора
oficina

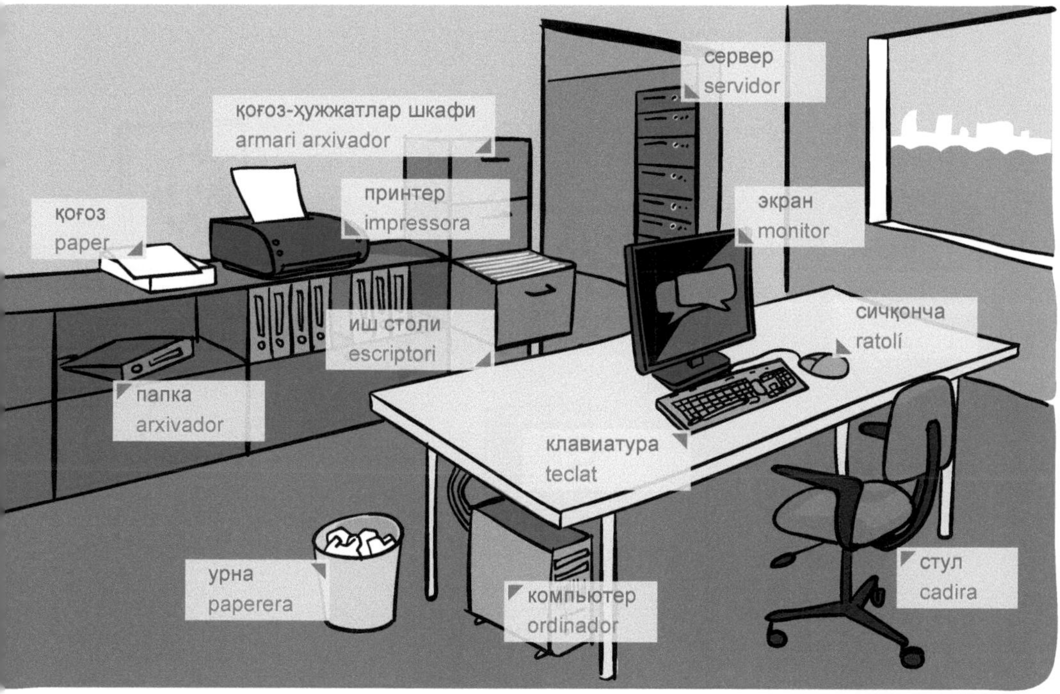

сервер
servidor

қоғоз-ҳужжатлар шкафи
armari arxivador

экран
monitor

принтер
impressora

қоғоз
paper

иш столи
escriptori

сичқонча
ratolí

папка
arxivador

клавиатура
teclat

урна
paperera

стул
cadira

компьютер
ordinador

кофе кружкаси
....
tassa de cafè

калькулятор
....
calculadora

интернет
....
Internet

ноутбук

ordinador portàtil

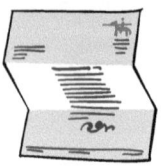

хат

lletra

мактуб

missatge

уяли телефон

mòbil

тармоқ

xarxa

нусха кўчиргич

fotocopiadora

дастур

programari

телефон

telèfon

розетка

presa de corrent

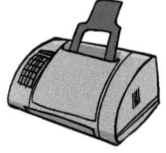

факс

fax

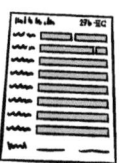

шакллар

formulari

хужжат

document

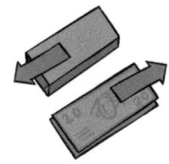

харид қилмоқ

comprar

тўламоқ

pagar

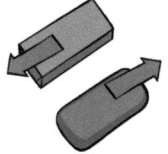

савдолашмоқ

comerciar

пул

diners

доллар

dòlar

евро

euro

йен

ien

рубль

ruble

швейцар франки

franc suís

Жэньминьби хитой юани

renminbi

рупи

rupia

банкомат

caixa automàtica

пул айирбошлаш
шаҳобчаси
oficina de canvi

олтин

or

кумуш

argent

нефт

petroli

энергия

energia

нарх

preu

шартнома

contracte

солиқ

impost

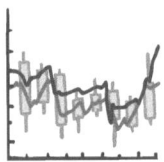

акция

acció

ишламоқ

treballar

ишчи

treballador

иш берувчи

empresari

завод

fàbrica

дўкон

botiga

касблар
oficis

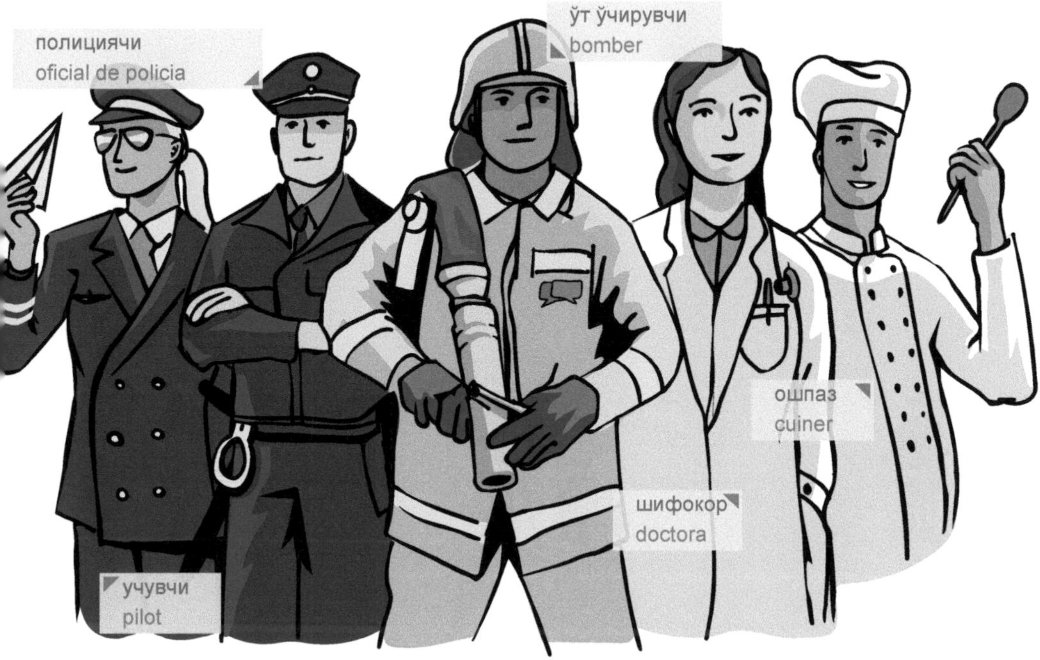
полициячи
oficial de policia
ўт ўчирувчи
bomber
ошпаз
cuiner
шифокор
doctora
учувчи
pilot

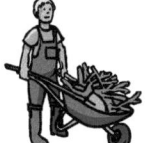

боғбон

jardiner

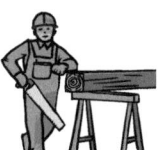

дурадгор

fuster

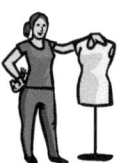

тикувчи

costurera

ҳакам

jutge

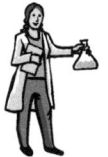

кимёгар

química

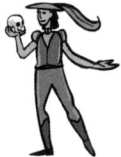

актёр

actor

автобус ҳайдовчиси

conductor d'autobús

такси ҳайдовчи

taxista

балиқчи

pescador

фаррош

dona de la neteja

том устаси

ensostrador

официант

cambrer

овчи

caçador

бўёқчи

pintor

нонвой

forner

электр устаси

electricista

қурувчи

obrer de la construcció

муҳандис

enginyer

қассоб

carnisser

сувчи чилангар

llanterner

почтачи

correu

аскар

soldat

меъмор

arquitecte

ғазначи

caixera

гулчи

florista

сарторош

perruquer

чиптачи

revisor

механик

mecànic

капитан

capità

тиш шифокори

dentista

олим

científic

яхудийлар руҳонийси

rabí

имом

imam

роҳиб

monjo

руҳоний

capellà

асбоблар

eines

болға
martell
омбир
tenalles
отвертка
descaragolador
гайка очгич
clau anglesa
чўнтак чироғи
llanterna

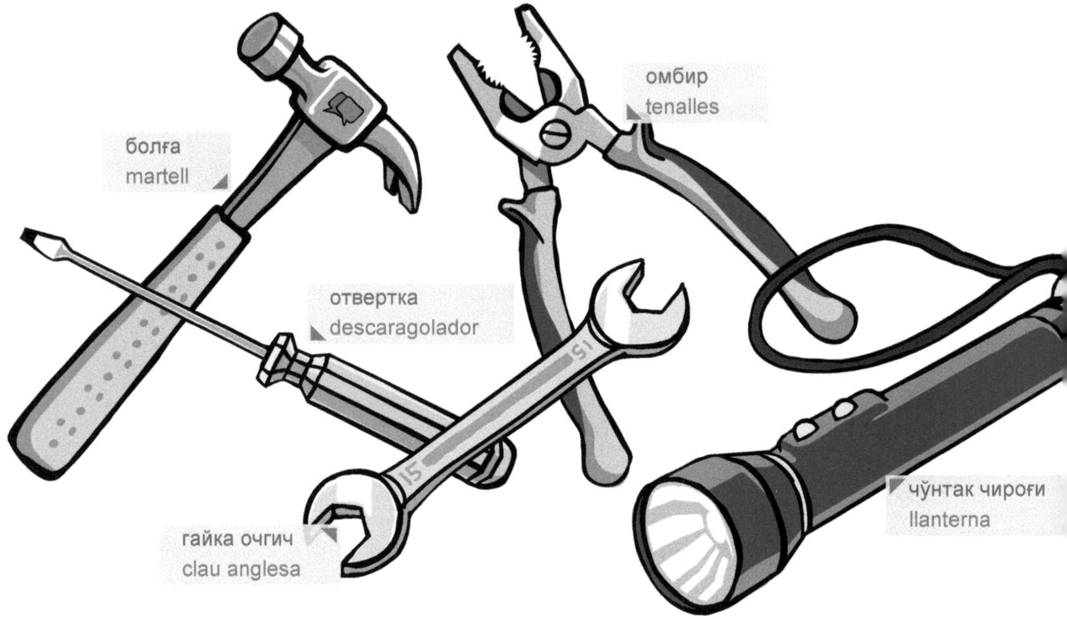

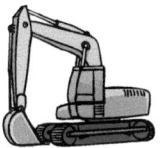

экскаватор

excavadora

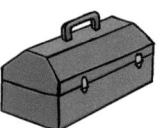

асбоблар қутиси

caixa d'eines

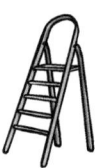

нарвон

escala

қўларра

serra

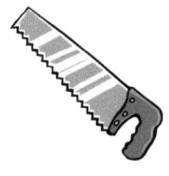

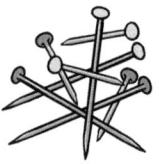

мих

claus

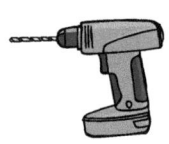

пармадаста

trepant

тузатмоқ

reparar

белкурак

pala

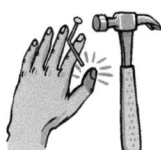

Жин урсин!

Maleït siga!

хокандоз

pala

бўёқ идиш

pot de pintura

бурама мих

caragols

мусиқа асбоблари
instrument de música

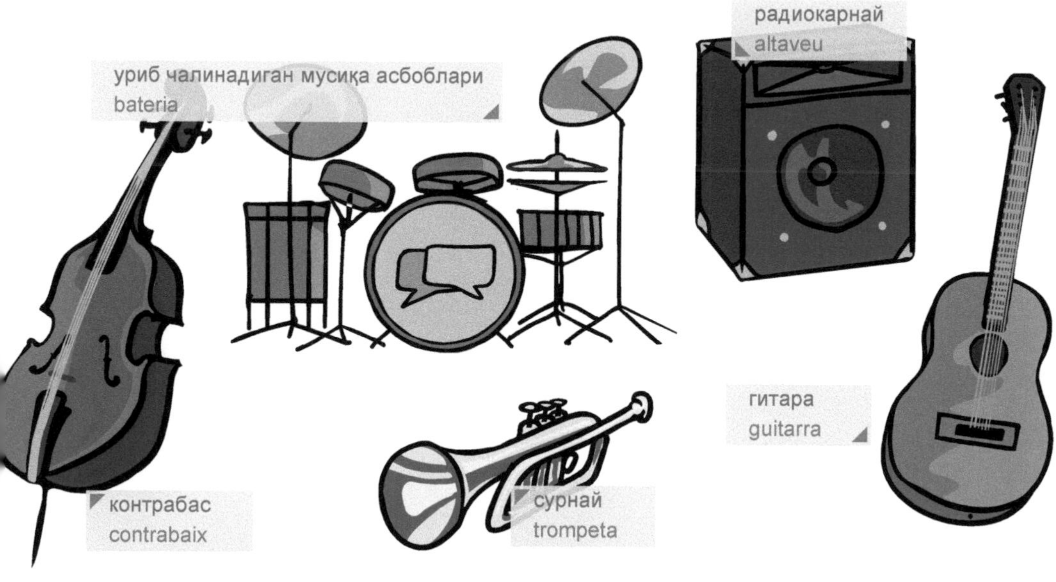

уриб чалинадиган мусиқа асбоблари
bateria

радиокарнай
altaveu

контрабас
contrabaix

сурнай
trompeta

гитара
guitarra

пианино

piano

ғижжак

violí

бас-гитара

baix

қўшноғора

timbal

дўмбира

tambor

клавиатура

teclat

саксофон

saxofon

най

flauta

микрофон

micròfon

арслон
tigre

қафас
gàbia

зебра
zebra

ем
aliment per a animals

кириш
entrada

панда
ós panda

ҳайвонлар

animals

фил

elefant

кенгуру

cangurú

каркидон

rinoceront

горилла

goril·la

айиқ

ós

туя

camell

туяқуш

estruç

шер

lleó

маймун

simi

фламинго

flamenc

тӯти

papagai

оқ айиқ

ós polar

пингвин

pingüí

акула

ca mari

товус

paó

илон

serp

тимсоҳ

cocodril

ҳайвонот боғи қоровули

guardià del zoo

тюлень

foca

ягуар

jaguar

тӯпичоқ от

poni

қоплон

lleopard

бегемот

hipopòtam

жирафа

girafa

бургут

àliga

эркак чӯчқа

senglar

балиқ

peix

тошбақа

tortuga

морж

morsa

тулки

guineu

оху

gasela

америка футболи
futbol americà

велосипед ҳайдаш
ciclisme

теннис
tenis

баскетбол
bàsquet

сузиш
natació

бокс
boxa

муз хоккейи
hoquei sobre gel

футбол
futbol americà

бадминтон
bàdminton

енгил атлетика
atletisme

қўлтўпи
handbol

чанғи учиш
esquí

поло
polo

кулмоқ
riure

сакрамоқ
saltar

қучмоқ
abraçar

юрмоқ
anar

куйламоқ
cantar

ҳаёл қилмоқ
somiar

ибодат қилмоқ
pregar

ўпмоқ
fer un petó

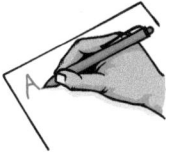

ёзмоқ

escriure

чизмоқ

dibuixar

кўрсатмоқ

mostrar

итармоқ

pitjar

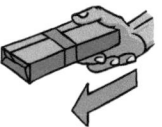

бермоқ

donar

олмоқ

prendre

эга бўлмоқ

tenir

бажармоқ

fer

бўлмоқ

ésser

турмоқ

estar dret

югурмоқ

córrer

тортмоқ

estirar

улоқтирмоқ

llançar

йиқилмоқ

caure

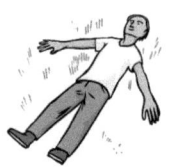

алдамоқ

jeure

кутмоқ

esperar

ташимоқ

portar

ўтирмоқ

asseure's

кийинмоқ

vestir-se

ухламоқ

dormir

уйғонмоқ

despertar-se

қарамоқ

mirar

йиғламоқ

plorar

зарба бермоқ

amoixar

тарамоқ

pentinar

гаплашмоқ

parlar

тушунмоқ

comprendre

сўрамоқ

demanar

тингламоқ

escoltar

ичмоқ

beure

емоқ

menjar

йиғиштирмоқ

endreçar

севмоқ

estimar

пиширмоқ

cuinar

ҳайдамоқ

conduir

учмоқ

volar

кемада сузмоқ

navegar

ҳисобламоқ

calcular

ўқимоқ

llegir

ўрганмоқ

aprendre

ишламоқ

treballar

турмуш қурмоқ

casar-se

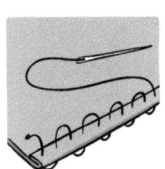

тикмоқ

cosir

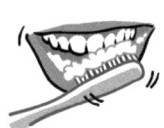

тиш ювмоқ

raspallar-se les dents

ўлдирмоқ

matar

чекмоқ

fumar

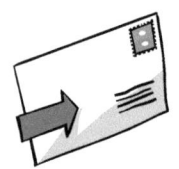

йўлламоқ

enviar

машғулот - activitats

буви
àvia

бува
avi

ота
pare

она
mare

чақалоқ
nadó

қиз
filla

ўғил
fill

мехмон
convidat

амма
tia

тоға
oncle

ака
germà

опа
germana

тана

cos

пешона
front
кўз
ull
елка
espatlla
бармоқ
dit
юз
cara
ияк
barbeta
қўл панжалари
mà
оёқ
cama
кўкрак
pit
қўл
braç

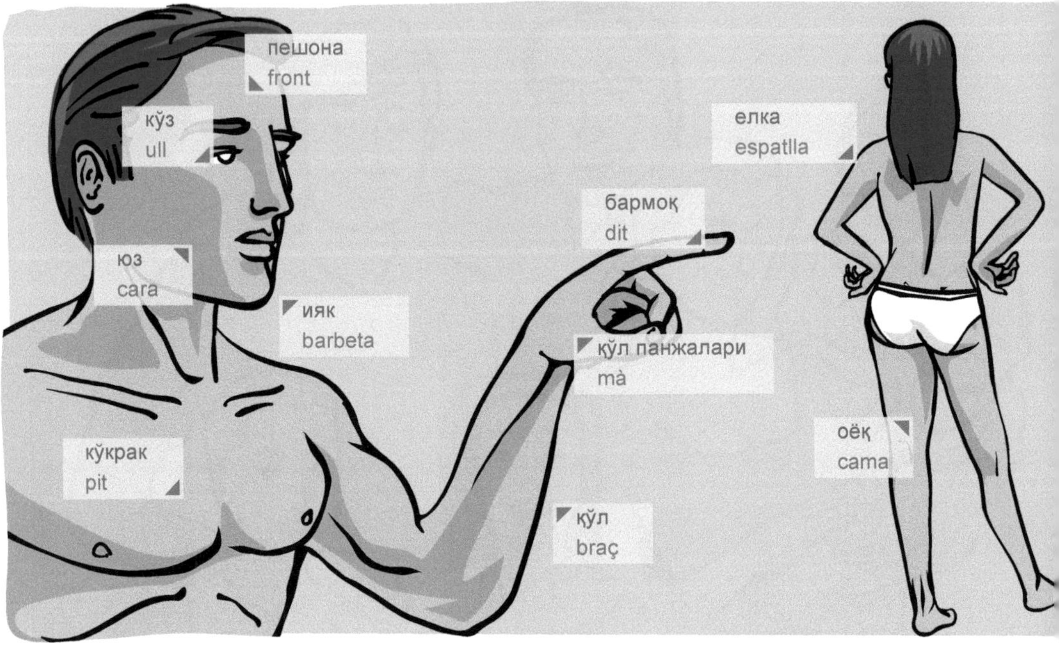

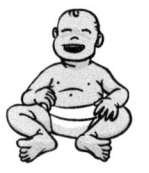

чақалоқ

nadó

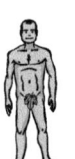

одам

home

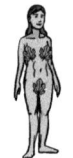

аёл

dona

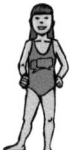

қиз бола

noia

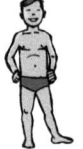

ўғил бола

noi

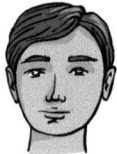

бош

cap

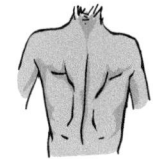

орқа

esquena

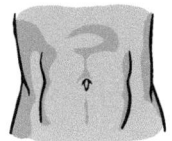

қорин

panxa

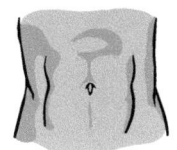

киндик

melic

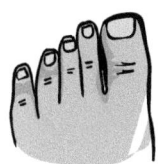

оёқ панжаси

dit gros del peu

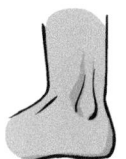

товон

taló

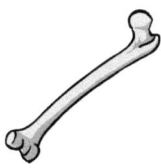

суяк

os

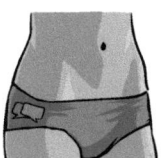

бел

maluc

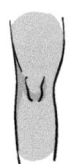

тизза

genoll

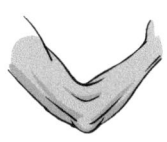

тирсак

colze

бурун

nas

думба

cul

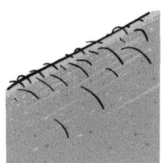

тери

pell

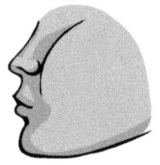

яноқ

galta

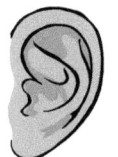

қулоқ

orella

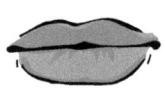

лаб

llavi

оғиз

boca

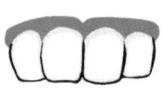

тиш

dent

тил

llengua

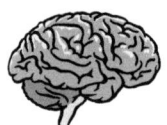

мия

cervell

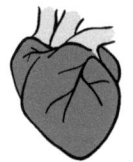

юрак

cor

мушак

múscul

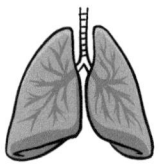

ўпка

pulmó

жигар

fetge

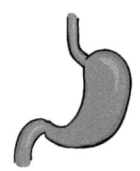

ошқозон

estómac

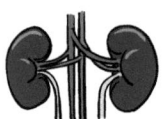

буйрак

ronyó

жинсий алоқа

relació sexual

презерватив

preservatiu

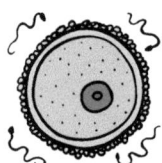

тухум ҳўжайра

ovari

уруғ

semen

ҳомиладорлик

prenyat

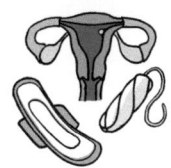

ҳайз

menstruació

бачадон

vagina

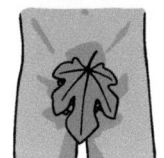

олат

penis

қош

cella

соч

cabells

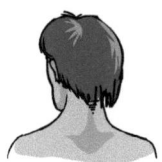

бўйин

coll

шифохона

hospital

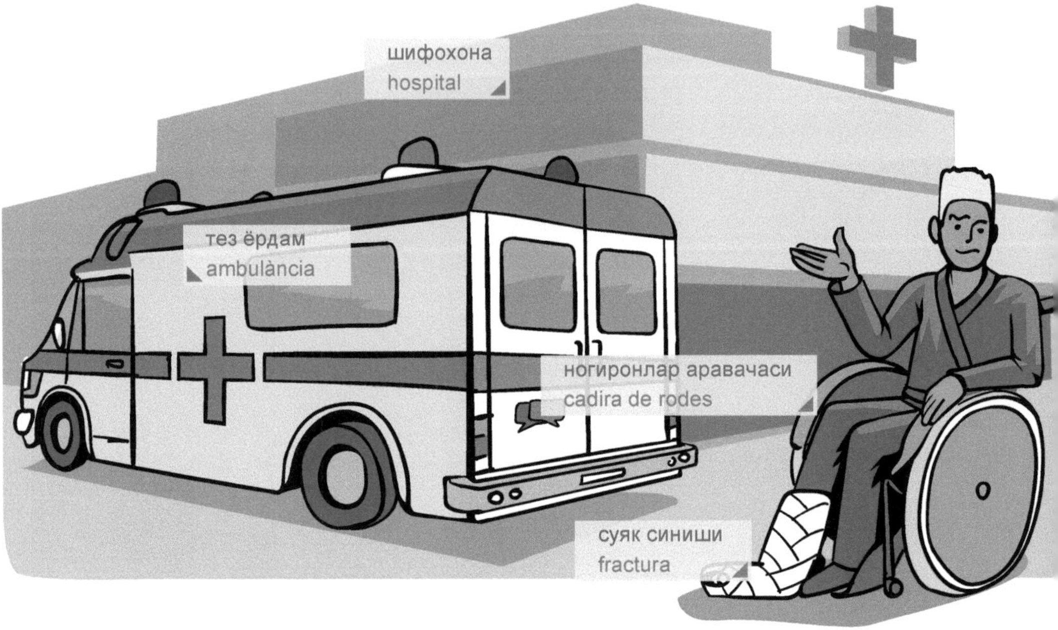

шифохона
hospital
тез ёрдам
ambulància
ногиронлар аравачаси
cadira de rodes
суяк синиши
fractura

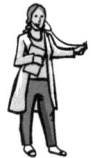

шифокор

doctora

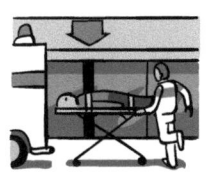

Шошилинч тиббий ёрдам кўрсатиш бўлими

sala d'urgències

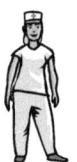

ҳамшира

infermera

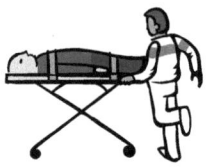

тез ёрдам

urgència

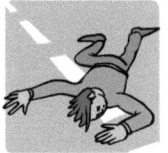

ҳушсизлик

inconscient

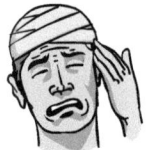

оғриқ

dolor

жароҳат

ferida

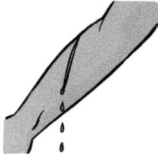

қонаш

sagnament

юрак хуружи

atac de cor

инсульт

apoplexia

аллергия

al·lèrgia

йўтал

tos

иситма

febre

тумов

gripa

ич кетиш

diarrea

бош оғриғи

mal de cap

саратон касали

càncer

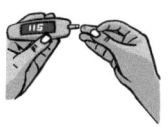

қандли диабет

diabetis

жарроҳ

cirurgià

жарроҳ пичоғи

escalpel

жарроҳлик амалиёти

operació

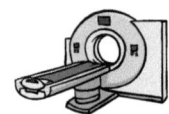

томография

tomografia computada (TC), TAC

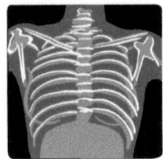

рентген

raigs x

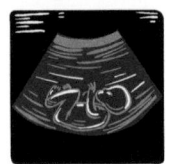

ултратовуш текшируви

ultrasò

юз ниқоби

mascareta

касаллик

malaltia

қабулхона

sala d'espera

қўлтиқтаёқ

crossa

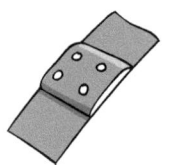

малҳамли пластир

tireta

бинт

embenat

укол

injecció

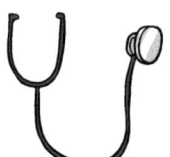

юрак урушини ва ўпкани эшитиб кўрадиган асбоб

estetoscopi

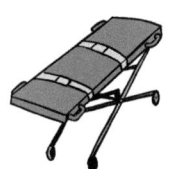

беморлар учун замбил

llitera

термометр

termòmetre clínic

туғруқ

pariment

семизлик

sobrepès

эшитиш мосламаси

aparell auditiu

дезинфекцияловчи восита

desinfectant

инфекция

infecció

вирус

virus

ОИВ / ОИТС

VIH / SIDA

дори

medicina

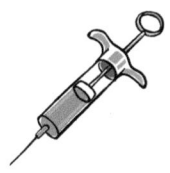

эмлаш

vaccí

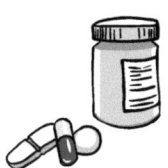

таблетка

comprimits

дори

píl·lola

тез ёрдам қўнғироғи

trucada d'urgència

қон босимини ўлчаш асбоби

tensiòmetre

касал / соғлом

malalt / sà

Ёрдам беринглар!

Socors!

тажовуз

assalt

ҳужум

atac

хавф-хатар ишораси

alarma

хавф

perill

фавқулодда ҳолатларда чиқиш эшиги

sortida-eixida d'urgència

ўт ўчиргич

extintor

Ёнғин!

Foc!

фалокат

accident

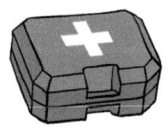

биринчи тиббий ёрдам тўплами

farmaciola de primers auxilis

фалокат сигнали

SOS

полиция

policia

Европа

Europa

Шимолий Америка

Amèrica del Nord

Жанубий Америка

Amèrica del Sud

Африка

Àfrica

Осиё

Àsia

Австралия

Austràlia

Атлантик океани

Atlàntic

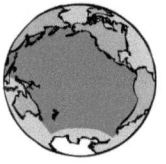

Тинч океани

Pacífic

Ҳинд океани

Oceà Índic

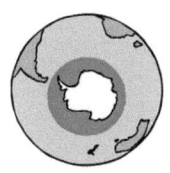

Антарктида океани

Oceà Antàrtic

Арктика океани

Oceà Àrtic

Шимолий қутб

pol nord

Жанубий қутб

pol sud

Антарктика

Antàrtida

Ер

terra

ўлка

país

денгиз

mar

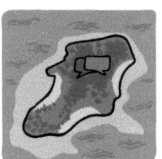

орол

illa

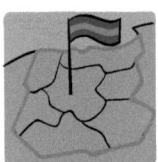

миллат

nació

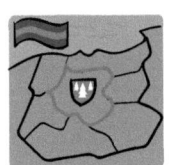

давлат

estat

астрономик вақт
кўрсатгичи
....
quadrant

соат мили
....
agulla de les hores

дақиқа мили
....
agulla dels minuts

сония мили
....
agulla dels segons

Соат неча?
....
Quina hora és?

кун
....
dia

вақт
....
temps

ҳозир
....
ara

рақамли соат
....
rellotge digital

дақиқа
....
minut

соат
....
hora

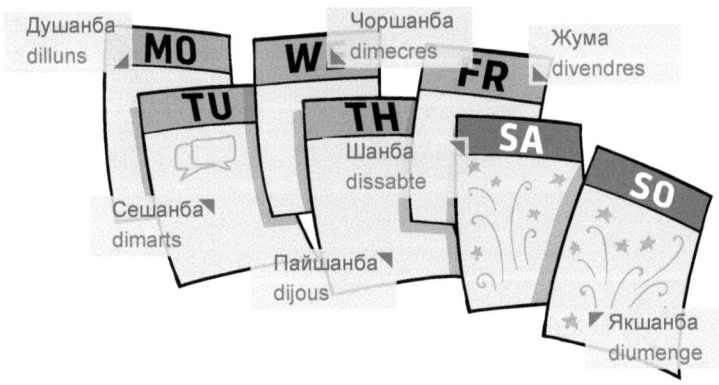

Душанба / dilluns — MO
Чоршанба / dimecres — W
Жума / divendres — FR
TU
TH
Шанба / dissabte — SA
SO
Сешанба / dimarts
Пайшанба / dijous
Якшанба / diumenge

кеча

ahir

бугун

avui

эртага

demà

эрталаб

matí

пешин

migdia

кечқурун

tarda

иш кунлари

dia feiner

дам олиш кунлари

cap de setmana

йил

any

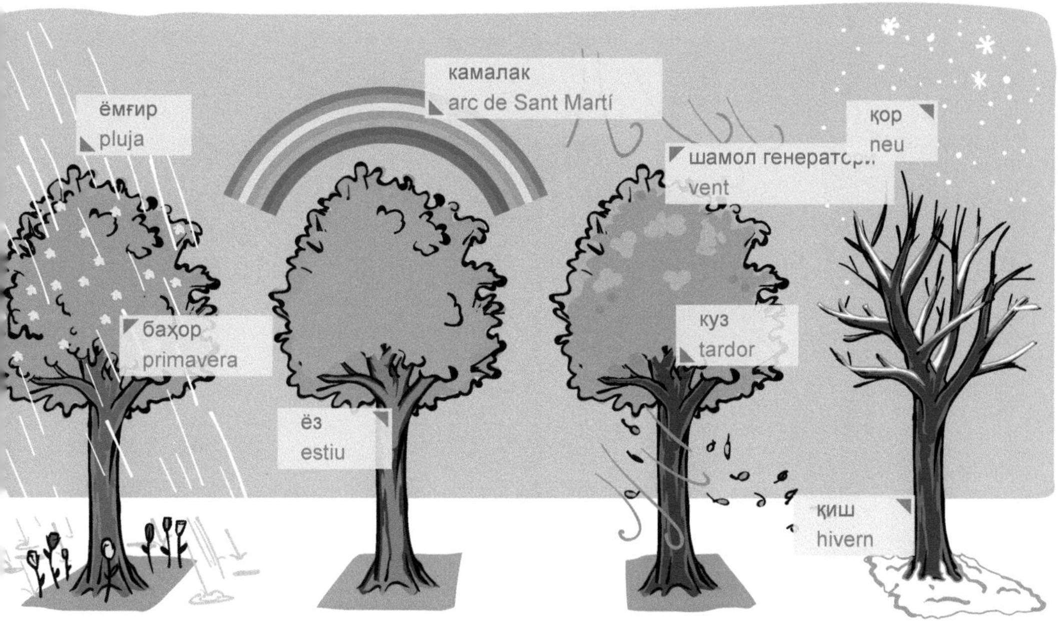

ёмғир
pluja
камалак
arc de Sant Martí
қор
neu
шамол генерат
vent
баҳор
primavera
куз
tardor
ёз
estiu
қиш
hivern

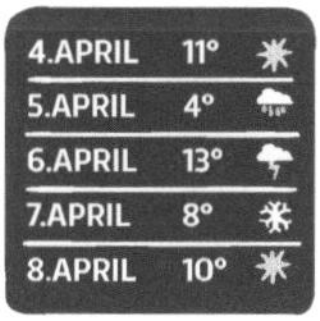

4.APRIL 11°
5.APRIL 4°
6.APRIL 13°
7.APRIL 8°
8.APRIL 10°

об-ҳаво маълумоти
....
pronòstic del temps

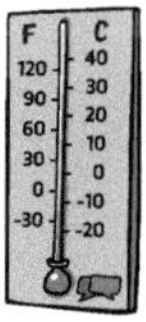

F
C
120
90
60
30
0
-30
40
30
20
10
0
-10
-20

термометр
....
termòmetre

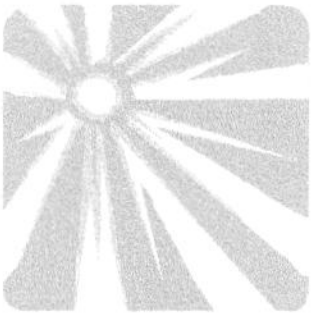

қуёшли
....
llum del sol

булут
....
núvol

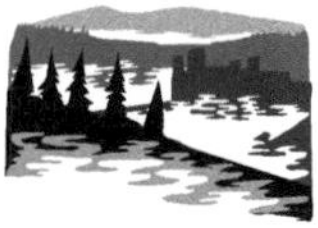

туман
....
boira

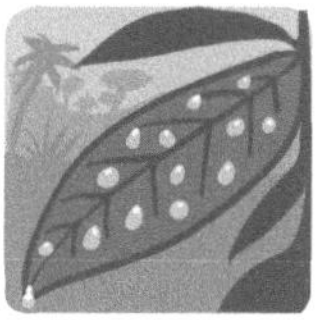

намгарчилик
....
humiditat de l'aire

чақмоқ

llamp

момоқалдироқ

tro

бўрон

tempesta

дўл

calamarsa

намгарчилик мавсуми

monsó

тошқин

inundació

муз

gel

Январь

gener

Февраль

febrer

Март

març

Апрель

abril

Май

maig

Июнь

juny

Июль

juliol

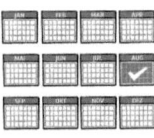

Август

agost

йил - any

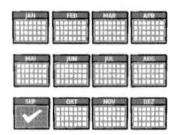

Сентябрь

setembre

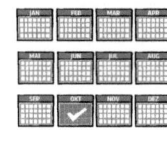

Октябрь

octubre

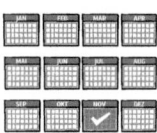

Ноябрь

novembre

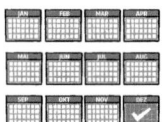

Декабрь

desembre

шакллар
formes

айлана

cercle

квадрат

quadrat

тўртбурчак

rectangle

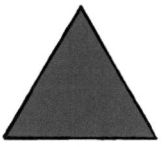

учбурчак

triangle

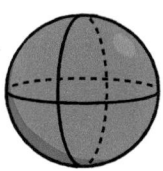

доира

esfera

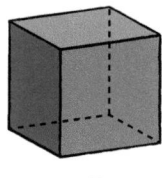

куб

cub

оқ

blanc

сариқ

groc

сабзи ранг

taronja

пушти

rosa

қизил

vermell

тўқ қизил

lila

кўк

blau

яшил

verd

жигар ранг

marró

кул ранг

gris

қора

negre

кўп / оз

molt / poc

ғазабли / хотиржам

emprenyat / tranquil

гўзал / хунук

bonic / lleig

боши / охири

començament / fi

катта / кичик

gran / petit

ёруғ / қоронғу

clar / fosc

ака / сингил

germà / germana

тоза / ифлос

net / brut

тўлиқ / чала

complet / incomplet

кун / тун

dia / nit

ўлик / тирик

mort / viu

кенг / тор

ample / estret

еса бўладиган / еса
бўлмайдиган

comestible / immenjable

ёвуз / хайрли

dolent / amable

ҳаяжонли / зерикарли

entusiasmat / entediat

семиз / озғин

gros / prim

биринчи / охирги

primer / darrer

дўст / душман

amic / enemic

тўла / бўш

ple / buit

қаттиқ / юмшоқ

dur / tou

оғир / енгил

pesant / lleuger

очлик / чанқов

gana / set

касал / соғлом

malalt / sà

ноқонуний / қонуний

il·legal / legal

зиёли / калтафаҳм

intel·ligent / ximple

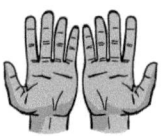

чап / ўнг

esquerra / dreta

яқин / узоқ

prop / llunyà

янги / ишлатилган

nou / usat

ҳеч нарса / бир нарса

res / quelcom

қари / ёш

vell / jove

ёниқ / ўчиқ

encès / apagat

очиқ / ёпиқ

obert / tancat

паст / баланд

silenciós / sorollós

бой / камбағал

ric / pobre

тўғри / нотўғри

correcte / incorrecte

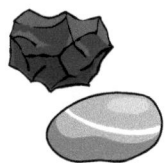

нотекис / текис

aspre / suau

хафа / хурсанд

trist / content

қисқа / узун

curt / llarg

секин / тез

lent / ràpid

нам / қуруқ

humit / sec - eixut

илиқ / салқин

calent / fred

уруш / тинчлик

guerra / pau

0

ноль

zero

1

бир

u

2

икки

dos

3

уч

tres

4

тўрт

quatre

5

беш

cinc

6

олти

sis

7

етти

set

8

саккиз

vuit

9

тўққиз

nou

10

ўн

deu

11

ўн бир

onze

12
ўн икки

dotze

13
ўн уч

tretze

14
ўн тўрт

catorze

15
ўн беш

quinze

16
ўн олти

setze

17
ўн етти

disset

18
ўн саккиз

divuit

19
ўн тўққиз

dinou

20
йигирма

vint

100
юз

cent

1.000
минг

mil

1.000.000
миллион

milió

Инглиз

anglès

Америкача инглиз тили

anglès americà

Хитой тилининг Мандарин лаҳчаси

xinès mandarí

Ҳинд

hindi

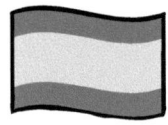

Испан

espanyol

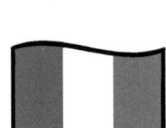

Француз

francès

Араб

àrab

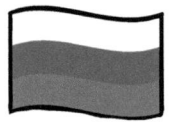

Рус

rus

Португал

portuguès

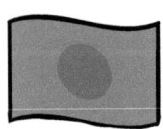

Бенгал

bengalí

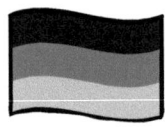

Немис

alemany

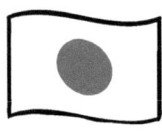

Япон

japonès

Мен

jo

Сен

tu

у / у / у

ell / ella / allò

биз

nosaltres

сизлар

vosaltres

улар

ells

ким?

qui?

нима?

què?

қандай?

com?

қаерда?

on?

қачон?

quan?

исм

nom

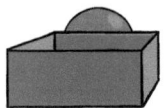

орқада

darrere

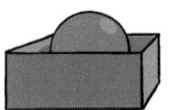

ичида

en

олдида

davant de

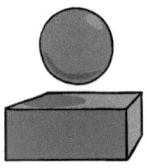

узра

damunt

устида

sobre

тагида

sota

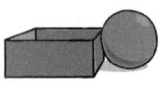

ёнида

al costat

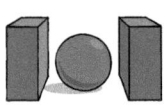

ўртасида

entre

жой

lloc